Schirner Verlag

In diesem Büchlein werden verschiedene Methoden dargestellt, mit denen Sie sich in vielen Alltagssituationen vor negativen Energien und Kräften schützen können. Sie müssen sich nicht mit allem beschäftigen, was tagtäglich auf Sie einstürmt – Sie haben die Wahl, welche Energien Sie an sich heranlassen und von welchen Sie sich abschirmen. Die sehr schönen und einfachen kleinen Übungen, die Ihnen die Autorin ans Herz legt, erleichtern es Ihnen, Ihre Seele zu schützen.

Susanne Hühn, Jahrgang 1965, ist ausgebildete Lebensberaterin und ganzheitliche Physiotherapeutin. Sie schreibt spirituelle Selbsthilfebücher und gibt Lebensberatung, Channelings sowie Meditationskurse für Erwachsene und Kinder. Seit mehr als fünfundzwanzig Jahren begleitet sie Menschen auf ihrem Weg zur Gesundung. Mit dem Schreiben begann sie vor achtzehn Jahren. Zuerst schrieb sie spirituelle Romane, dann vermittelte sie ihr Wissen in Sachbüchern und auf CDs, die sie mittlerweile in großer Zahl veröffentlicht hat.

Besuchen Sie Susanne Hühn auf ihrer Website:

www.susannehuehn.de

Susanne Hühn

Spiritueller Schutz im Alltag

16 kleine Übungen für die Seele

Schirner Verlag

ISBN 978-3-8434-5003-4

Susanne Hühn:
Spiritueller Schutz im Alltag
16 kleine Übungen für die Seele

Umschlag: Murat Karaçay, Schirner
Redaktion: Tamara Kuhn, Schirner
Satz: Annika Schauf
Printed by: FINIDR, Czech Republic

www.schirner.com

3. Auflage 2011

Inhalt

Vorwort

Liebe Leser,

wozu brauchen wir eigentlich spirituellen Schutz? Gibt es tatsächlich negative Kräfte, vor denen wir uns schützen müssen, ist nicht letztlich alles Licht?

Viele Menschen, die sich mit spirituellen Themen beschäftigen, haben eine Abneigung gegen das Schützen, weil es mit Abgrenzung, Trennung und Wertung zu tun hat. Wir unterscheiden zwischen Energien, die wir haben wollen und anderen, die wir von uns weisen. Das scheint eine Art Rückfall in duales Denken zu sein, wir bewerten Energien und lassen eben nicht alles zu, obwohl wir dies in Meditationen so intensiv üben. Widerspricht das Schützen nicht gerade den hehren spirituellen Ansprüchen und Vorstellungen, die wir haben?

Andere Menschen dagegen haben so viel Angst vor allen möglichen Energien, dass sie sich fast gar nicht mit spirituellen Sichtweisen beschäftigen wollen. Auch das ist nicht besonders hilfreich. Wir brauchen also Techniken, mit denen wir uns abgrenzen können. Aber sind wir nicht auf die Erde gekommen, um alles mit Licht zu erfüllen? Wollen wir nicht gerade lernen, alles zuzulassen und dennoch in unserer Mitte verankert zu bleiben?

Ja, Ihr Lieben, das wollen wir. Aber dazu gehört eben auch, dass wir uns selbst mit Licht erfüllen und die Wahl haben, mit welchen Energien wir gerade in Kontakt sind. Sich zu schützen meint nicht, diese zu bewerten, sondern sie zu wählen. Die Techniken, die ich Ihnen in diesem Büchlein vorstelle, wollen Ihnen die Freiheit geben, selbst zu entscheiden, mit welchen Energien Sie sich beschäftigen und mit welchen nicht. Die Frage ist nicht, ob die Energien schwarz oder weiß, gut oder schlecht sind, sondern einfach nur, ob Sie sich im Moment mit ihnen auseinandersetzen wollen oder nicht. Wir sortieren die Energien, mit denen wir umgehen, und das ist unser Recht als Menschen und spirituelle Wesen. Wir haben ein Fürsorgerecht, aber auch eine Fürsorgepflicht uns selbst gegenüber, und es gibt einfach

Tage, an denen wir unsere Ruhe haben wollen, weil wir sie dringend brauchen. Wenn wir dennoch das Haus verlassen müssen, ist es sinnvoll, ein paar Möglichkeiten zu haben, innere Ruhe zu bewahren, denn sonst machen wir uns zum Opfer, zum Spielball der Erfahrungen und Energien anderer. Jeder in diesem Universum singt sein eigenes Lied. Jedes Lied hat seine Berechtigung und seine eigene Schönheit, aber sicher wollen wir nicht all die Lieder auf einmal hören, sondern selbst entscheiden, welchem wir unsere Aufmerksamkeit schenken und welchem nicht. Nicht alle Lieder sind für unsere Ohren bestimmt, und nicht alle helfen uns, unser Licht zur Erde zu bringen. Wir dürfen wählen.

Bitte nehmen Sie die Verantwortung für sich selbst, für Ihre Gesundheit und Ihren energetischen Zustand ernst, seien Sie sich selbst gute Eltern, sorgen Sie für sich, reinigen Sie sich, nutzen Sie energetische Schutzwerkzeuge, und sorgen Sie dafür, dass Sie sich immer wieder mit Kraft auftanken. Wir haben eine heilige Aufgabe, wir bringen das Licht zur Erde. Dabei machen wir uns manchmal die Flügel schmutzig, besonders wenn wir uns dahin begeben, wo das Licht dringend benötigt wird. Wir brauchen ab und zu Rückzug, Schutz und innere und äußere Pflege, damit wir diese heilige Aufgabe erfüllen können, sowohl in uns selbst als auch global.

Ihr Lieben, es ist ganz einfach: Auch Engel brauchen mal eine Auszeit, in der sie sich mit Licht erfüllen lassen und ihre Flügel reinigen.

In diesem kleinen Buch möchte ich Ihnen die für mich wichtigsten Werkzeuge zeigen, mit denen auch Sie gut für sich selbst sorgen können, und zwar genau dann, wenn Sie eigentlich gar keine Zeit dazu haben – denn genau dann brauchen Sie diesen Schutz am dringendsten. Besonders das innere Kind benötigt einen effektiven Schutz, wenn es sich wieder einmal um Dinge kümmert, die Kinder einfach nicht können – und auch gar nicht können müssen.

Es sind viele verschiedene Werkzeuge, die unterschiedliche spirituelle Gewohnheiten ansprechen. Einige sagen Ihnen sicher mehr zu als andere – bitte nutzen Sie das, was Ihnen dient, und lassen Sie den Rest einfach beiseite. Es kann eine einzige Technik sein, die Ihr Leben aber tatsächlich zu verändern vermag, weil der Teil von Ihnen, der zuvor unsicher war und sich ausgeliefert fühlte, dann in Sicherheit ist – probieren Sie es aus. Ich hoffe sehr, Ihrem Licht damit dienen zu können.

Alle hier vorgestellten Techniken finden Sie so oder so ähnlich in verschiedenen meiner bisher erschienen Bücher. Ich halte mich in diesem Büchlein bewusst kurz. Wenn Sie beispielsweise Hintergrundinformationen über Schutz und geistige Kommunikation wünschen, dann hilft Ihnen vielleicht »Channel werden für die Lichtsprache«, und zum Wiederaufbau Ihrer Energie finden Sie Informationen in dem Buch »Was dir Kraft gibt«.[1]

[1] Beide Bücher sowie viele weitere sind ebenfalls im Schirner Verlag erschienen.

Zehn Regeln für ein selbstbestimmtes Leben

1. Erst einmal tief durchatmen, und, wenn Sie mögen, beten. »Ich brauche Hilfe« oder »Dein Wille geschehe« können Wunder bewirken.

2. Wenn Ihnen etwas wirklich nicht guttut, dann umgehen Sie es, gehen Sie, wenn möglich, einfach nicht hin.

3. Sie dürfen selbst über Ihre Zeit verfügen.

4. Planen Sie genügend Rückzugmöglichkeiten ein, Zeiten, in denen Sie nicht gestört werden wollen.

5. Es ist Ihre Energie, Ihre Aufmerksamkeit, Ihre Lebenskraft, und Sie entscheiden, wem Sie sie schenken.

6. Ihr Körper ist heilig und darf niemals entweiht werden. Und so dürfen Sie ihn von nun an auch selbst behandeln.

7. Ihr innerer Raum ist genauso heilig, und niemand darf ihn betreten, außer, Sie laden jemanden ausdrücklich dazu ein.

8. Sie haben das Recht, sich zu verteidigen, Grenzen zu setzen und Nein zu sagen – immer und überall.

9. Sie sind ein freies spirituelles Wesen. Sie haben das Recht, »Will ich das?« zu fragen und entsprechend zu handeln.

10. Sie sind Schöpfer Ihrer Wirklichkeit, also schöpfen Sie.

Die eigene Zeit

Bewahren Sie sich Ihre Energie durch Zeitlimits

Können Sie sich gut abgrenzen, Nein sagen und gehen, wenn Sie gehen möchten? Fällt es Ihnen leicht, eine Sitzung zu verlassen, einen Besuch zu Ende zu bringen, ein Gespräch oder auch einen Termin mit einem Kunden rechtzeitig zu beenden? Oder stellen Sie immer wieder fest, dass Sie sich Zeit stehlen und sich doch noch in ein Gespräch verwickeln lassen, noch einen Rat geben und sich noch einen Satz anhören?

Nun, Ihre Zeit und Ihre Aufmerksamkeit sind wertvolle und kostbare Güter. Es ist kein Wunder, dass ein anderer sie gerne so lange wie möglich in Anspruch nehmen möchte, ist es doch Ihre Lebensenergie. Es gibt eine kleine, aber sehr effektive Übung, die Ihnen vielleicht gute Dienste leisten wird.

Setzen Sie sich ein Zeitlimit!

Überlegen Sie vor einem Termin oder Telefonat, sei es beruflich oder privat, wie viel Zeit Sie mit einem guten Gefühl dafür aufbringen möchten. Selbstverständlich können Sie diese Entscheidung immer wieder verändern, aber sie verleiht Ihnen eine Art gefühltes Zeitlimit. Erspüren Sie vorher dieses Limit, dann sind Sie aufmerksamer, wachsamer sich selbst gegenüber, und außerdem können Sie gleich zu Beginn kundtun, dass Sie beispielsweise in einer Stunde wieder gehen oder in zehn Minuten wieder auflegen müssen. Es ist leichter, sich an eine vorher mit sich selbst und dem anderen vereinbarte Zeitstruktur zu halten, als erst während eines Gespräches zu spüren und mitteilen zu müssen, wann es genug ist.

Nehmen Sie sich also vor einem Termin kurz Zeit, lauschen Sie nach innen, und fragen Sie sich selbst, wie viel Zeit Sie aufbringen und wie viel Energie Sie einsetzen möchten. Sie spüren das bestimmt sehr deutlich. Erlauben Sie sich bitte, ganz ehrlich zu sein, denn es geht um Ihre ureigene innere Wahrheit. Verhandeln können Sie später immer noch, aber dazu müssen Sie erst einmal Ihre eigene Position kennen! Stellen Sie sich eine Uhr vor, und schauen Sie, wohin sich die Zeiger dieser gedachten Uhr bewegen, wenn Sie an Ihren Termin denken. Vielleicht möchten Sie auch lieber ein anderes inneres Bild benutzen – alles, was funktioniert, ist willkommen. Dieses Bild spiegelt Ihre Wahrheit, Ihren Energiezustand und die Wertigkeit, die Ihr Termin heute für Sie hat, wider, und es zeigt den Raum, den Sie diesem Termin geben wollen. Nun haben Sie einen Anhaltspunkt – und wenn Sie nun noch Ihren inneren Wächter und Zeitmanager darum bitten, Sie rechtzeitig zu erinnern und Ihnen Kraft zu geben, den Termin auch wirklich zu beenden, dann haben Sie bereits ein großes Stück Selbstbestimmung zurückerhalten!

Selbstverständlich respektieren Sie von nun an auch die Selbstbestimmung der anderen und halten diese weder am Telefon noch an der Tür fest. Auch Ihre eigene Bedürftigkeit darf nicht dazu führen, andere unbewusst auszubeuten. Wahren Sie Ihre Grenzen, und erhalten Sie Ihre geistige und spirituelle Nahrung direkt aus der Schöpferquelle. Wie, zeige ich Ihnen im Kapitel »Die goldene Lichtnahrung«.

Die goldene Acht

Behalten Sie genügend Raum für sich

Diese Übung dient Ihnen immer dann, wenn Sie sich im Kontakt, im Gespräch mit anderen befinden und zwar energetisch mit dem anderen verbunden sein wollen, sich also nicht völlig abgrenzen, aber dennoch Ihren eigenen Platz nicht verlassen möchten.

Dazu eine kurze Erklärung: Wenn wir sehr auf das Wohl anderer bedacht sind und uns gut in sie einfühlen können, dann sieht die energetische Verbindung zwischen uns und anderen meist wie ein Kreis aus. Wir ziehen eine imaginäre Linie um uns und den anderen, der uns beide einschließt. Wenn wir gemeinsam in diesem Kreis stehen, dann haben wir einen Raum erschaffen, in dem wir zwar einen guten Kontakt zueinander aufbauen können, in dem die Gefahr der Verschmelzung aber sehr groß ist. Verschmelzung bedeutet in diesem Fall, dass Sie sich selbst nicht mehr so richtig spüren, sich zwar eins mit dem anderen fühlen und auf seine Wünsche und Bedürfnisse eingehen können, aber den eigenen Platz, die eigenen Wünsche und Bedürfnisse nicht mehr klar wahrnehmen. So etwas dient niemandem, denn wir schließen so keine Kompromisse, sondern machen es lediglich dem anderen recht. Kompromisse können wir nur eingehen, wenn wir auch unseren eigenen Standpunkt mit einbeziehen, und das können wir nicht, wenn wir uns selbst nicht spüren. Außerdem ist der geschlossene Kreis eine energetische Falle: Der andere kann uns ungehindert Energie abziehen, sei es bewusst oder unbewusst. Auch für uns selbst ist es sehr verführerisch, uns vom anderen das zu nehmen, was wir zu brauchen glauben. Stehen wir mit dem anderen in einer allzu engen Verbindung, kann es passieren, dass wir ihm Energie rauben oder uns selbst aussaugen lassen – der energetische Kreis bietet sich dafür geradezu an.

Aber es braucht nur einen kleinen Dreh, und schon sind wir sicher und geschützt – die Zahl Acht:

Schließen Sie bitte die Augen, und stellen Sie sich einen schwierigen Gesprächspartner vor – oder, wenn Ihnen das leichter erscheint, zunächst eine vertraute Person. Sie stehen einander gegenüber. Nehmen Sie bitte in Gedanken einen goldenen Stift in die Hand, und ziehen Sie eine Acht um Sie beide, so, dass jeder seinen eigenen Platz hat und der Kreuzungspunkt genau zwischen Ihnen beiden liegt. Spüren Sie nun bitte ganz genau, wie sich das anfühlt.

Wenn Sie mögen, dann nehmen Sie die Acht wieder weg, und malen Sie einen geschlossenen Kreis um Sie beide herum – wie fühlt sich das an? Es kann sein, dass Ihnen dieses ein bisschen verschwommene Gefühl der Verbundenheit viel vertrauter vorkommt als jenes, das die goldene Acht in Ihnen hervorruft. Überprüfen aber Sie bitte auch, ob Sie sich noch gut spüren, ob Sie noch Nein sagen könnten, wenn Sie das wollten, und ob Sie Ihre eigene Meinung noch kennen. Dann nehmen Sie den Kreis wieder weg und zeichnen noch einmal die Acht – wie fühlt es sich nun an? Spüren Sie sich besser? Wissen Sie, was Sie wollen, was Sie denken und fühlen? Können Sie sich klar ausdrücken?

Üben Sie die Acht mit verschiedenen Personen, zunächst geistig, dann auch im Gespräch, beim Telefonieren – üben Sie, damit Sie immer dann, wenn die Acht nötig ist, auch daran denken!

Diese Technik dient dazu, Kontakt aufzunehmen und dennoch bei sich selbst zu bleiben. Es ist verblüffend, wie unterschiedlich sich die Energien anfühlen, wenn Sie sich einmal mit jemandem bewusst in einen Kreis und danach bewusst in eine Acht stellen, wo jeder seinen eigenen Kreis hat, sie aber trotzdem verbunden sind. Es ist innerhalb der Acht nicht mehr möglich, dem anderen Energie abzuziehen oder selbst welche abgezogen zu bekommen. Selbstverständlich können Sie sich gegenseitig so viel Energie, Aufmerksamkeit, Liebe, Kraft oder Verständnis schenken, wie Sie das möchten – aber hier ist der Punkt: Sie entscheiden, Sie haben nun die Wahl.

Wie aber gehen wir mit Menschen oder Situationen um, mit denen wir nicht einmal in der Acht stehen wollen, aber dennoch Kontakt halten müssen, vor denen wir geradezu Angst haben oder die uns wirklich zutiefst unangenehm sind?

Nun, hier müssen wir ein bisschen tiefer in die spirituelle Werkzeugkiste greifen und uns dem verletzlichsten Teil unseres Selbst zuwenden.

Sicherheit für das innere Kind

Schützen Sie Ihren verletzlichsten Anteil

Über das innere Kind gib es eine Menge Bücher – hier möchte ich Ihnen ohne ausführliche Hintergrundinformationen einen raschen, effektiven Schutz anbieten, wenn Sie sich hilflos, überfordert und sehr unwillig fühlen. Immer dann, wenn eine Situation uns emotional in Schwierigkeiten bringt oder uns über die Maßen unangenehm ist, kann es sein, dass unser inneres Kind um Hilfe ruft. Selbst wenn Sie noch nie Kontakt zu Ihrem inneren Kind hatten, möchten Sie vielleicht folgende Übung ausprobieren:

Schließen Sie die Augen, und stellen Sie sich eine Landschaft vor, hüllen Sie sich in Licht oder wenden Sie Ihre bevorzugte Meditationstechnik an. Wenn Sie noch keine solche Meditationstechnik haben, hilft es Ihnen sicher, sich vorzustellen, dass Sie an Ihrem Lieblingsort spazieren gehen. Auf einmal nehmen Sie ein Kind wahr – schauen Sie bitte, wie es sich fühlt und ob es ihm gut geht.

Gehen Sie achtsam zu ihm hin, fragen Sie es, was es braucht, und sagen Sie dem Kind, dass Sie nun für es da sind. Schauen Sie bitte, wie es reagiert, ob es Ihnen vertraut oder nicht, und reden Sie mit ihm, wie Sie es mit einem geliebten Menschen oder einem geliebten Tier tun würden. Seien Sie bitte nachsichtig und liebevoll, es ist nicht die Aufgabe des inneren Kindes, es Ihnen recht zu machen, sondern Sie müssen für seine Sicherheit sorgen, damit es stabil und glücklich ist. Sagen Sie ihm bitte, dass es einen sicheren Ort gibt, an dem es spielen kann und nie mehr allein ist, sondern geliebt wird, geborgen und geschützt ist – und dann fragen Sie es, ob es mit Ihnen gehen möchte.

Nun führen Sie es bitte in ein wunderschönes Spielzimmer, auf einen Spielplatz, in einen Garten oder einen Märchenpark – an einen Ort, an dem es sicher ist und sich nicht mehr um die Angelegenheiten von uns Erwachsenen zu kümmern braucht. Immer dann, wenn Sie unsicher sind, sich irgendwie hilflos oder überfordert fühlen, schauen Sie bitte von nun an nach, wo sich Ihr inneres Kind befindet, und sagen Sie ihm, es soll bitte spielen gehen.

Das kann ganz rasch passieren, immer dann, wenn Sie bemerken, dass Sie in diese Überforderung hineingleiten, die typisch ist für das innere Kind.[2]

Wir haben auf unserem langen Weg in einigen Lebensbereichen womöglich noch nicht erkannt, dass wir nun erwachsen sind und nicht mehr wie ein Kind zu reagieren brauchen. Gerade wenn wir als Kinder oft stärker und vernünftiger sein mussten, als wir uns fühlten, wenn wir also gelernt haben, unser eigenes Sicherheitsbedürfnis zu unterdrücken, glaubt das innere Kind, es müsse in schwierigen Angelegenheiten aus eigener Kraft heraus handeln. Aber das muss es nicht, denn nun sind wir da, wir, die Erwachsenen. Wir können unsere eigene Mutter oder unser eigener Vater sein. Immer dann, wenn wir viel emotionaler reagieren, als wir es selbst für angemessen halten, immer dann, wenn wir eine vage Angst, Magenschmerzen oder einfach eine unbestimmte, heftige Abneigung spüren, kann es sein, dass sich unser inneres Kind fürchtet. Das darf es auch, denn es braucht nicht mit unfreundlichen Vermietern, garstigen Chefs, ver-

[2] Ausführlich finden Sie diese Übung auf der CD »Das innere Kind – Meditationen zur Heilung der Seele« oder in dem Buch »Die Heilung des inneren Kindes«.

letzenden Liebhabern und unangenehmen Briefen vom Finanzamt klarzukommen.

Unser inneres Kind braucht Liebe, Schutz, Geborgenheit und Wärme.

Es ist nicht in der Lage, mit Lieblosigkeiten und der manchmal sehr rauen, berechnenden Energie der Geschäftswelt umzugehen – und es braucht das auch gar nicht zu lernen. Wir können es schützen, ihm einen guten, sicheren Platz in unserem Herzen geben. Und wie wir unsere Kinder manchmal aus dem Raum schicken müssen, so schicken wir auch unser inneres Kind zum Spielen, wenn die Situation zu schwierig wird. Wir, die Erwachsenen, sind in der Lage, angemessen zu reagieren. Wir haben keine oder nur wenig Angst, vor Publikum zu sprechen, uns zu zeigen, eine Idee vorzutragen oder uns gegen etwas oder jemanden zur Wehr zu setzen, zumindest nicht in dem Maße, wie das innere Kind. Wir werden sehr viel stabiler und handlungsfähiger, wenn wir aufmerksam überprüfen, ob unser inneres Kind glaubt, es müsse die Situation meistern. Falls das passiert – einfach, weil es das von klein auf gewöhnt ist – schicken wir es wieder zum Spielen. Es ist viel zu verletzlich, zu zart und zu unschuldig, um mit den Situationen klarzukommen, die uns das Leben immer wieder zumutet – und das darf und soll es auch sein! Das innere Kind darf nicht angetastet werden, es kann nicht mit Gemeinheiten, Berechnung oder Lieblosigkeiten umgehen. Weil wir das aber ab und zu tun müssen (wenn wir den Himmel auf die Erde bringen wollen, müssen wir nun auch mal in den Keller hinabsteigen), brauchen wir einen sicheren Ort speziell für das innere Kind. Also richten Sie ihm in Ihrem Inneren ein Spielzimmer ein, einen Abenteuerspielplatz, genau den Raum, den Sie selbst als Kind gern gehabt hätten. Das mag Ihnen vorkommen wie eine Gedankenspielerei, eine bloße Vorstellung. Wenn Sie diese Übung aber tatsächlich einmal durchführen, werden Sie merken, dass Sie den verletzlichsten Teil Ihres Selbst nun in Sicherheit gebracht haben und viel gelassener reagieren können.

Diese Übung nutzt Ihnen allerdings nicht viel, wenn Sie sich in Situationen befinden, die Ihnen wirklich nicht guttun und denen Sie sich deshalb entziehen sollten. Es hilft nur, Ihr inneres Kind zum Spielen zu schicken, wenn Ihre Angelegenheiten, um die es geht, kraftvoll und klar sind, wenn das innere Kind zwar Angst hat, Sie aber nicht warnen will. Wenn eine Situation nicht gesund ist, sie Ihnen schadet oder einfach nicht Ihrer Energie, Ihren Herzenswünschen entspricht, wenn Sie sich also selbst missbrauchen oder aus Angst handeln, dann wird sich das innere Kind auf Dauer nicht wegschicken lassen. Das innere Kind ist ein sehr empfindsamer, sehr verletzlicher Teil, der unbestechlich spürt, ob Sie in Ihrer Kraft stehen oder nicht – und Sie warnt, wenn Sie Ihren eigenen Platz verlassen. Denn das ist die Aufgabe Ihres inneren Kindes.

Nutzen Sie diese Übung also immer dann, wenn Ihre Kraft Sie zu verlassen droht – aber hören Sie dennoch auf Ihr Innerstes.

Wenn eine Situation so bedrohlich ist, dass Sie Ihr inneres Kind wegschicken müssen, dann ist sie auf Dauer nicht besonders gesund.

Natürlich gilt das nicht, wenn die Situation für das innere Kind einfach nur zu aufregend ist, zum Beispiel wenn Sie beruflich immer wieder im Rampenlicht stehen oder ein aufregendes Date haben. Auch dann schicken wir es zum Spielen, aber nicht, weil es Schaden nehmen könnte, sondern weil es aus lauter kindlicher Angst vor dem Versagen womöglich mehr Schaden als Nutzen anrichten würde. Zugucken darf es natürlich.

In der eigenen Kraft stehen

Bleiben Sie auf Ihrem Platz

Kennen Sie das Gefühl, irgendwie neben sich zu stehen? Nun, wenn Sie dieses Gefühl haben, dann trügt es Sie meist nicht. Sie verlassen Ihren eigenen Platz, den Platz, an dem Sie Ihre Wahrheit, Ihre eigene Energie, das, was Sie wollen und was Sie nicht wollen, genau spüren. Meist tun Sie das in Situationen, in denen Ihre eigene Wahrheit nicht gefragt ist, sondern in denen Sie es anderen recht machen sollen oder in denen Sie sich hilflos fühlen. Sie können sich vorstellen, dass Sie, wenn Sie Ihren eigenen Platz verlassen haben, ziemlich haltlos wirken und erst recht nicht mehr spüren können, was Sie eigentlich zu dieser Situation beitragen können, wo Ihr Einfluss ist, wo Ihre Handlungsmöglichkeiten geblieben sind. Wie aber macht man das, in seiner eigenen Kraft zu stehen?

Es gibt einen Seelenstrahl, einen Kraftstrom, der aus Ihrer eigenen Seele heraus auf die Erde fließt wie ein Lichtspot.

Zumindest können Sie sich dieses Bild vorstellen, oder? Dazu ist es nicht nötig, dass Sie daran glauben; sehen Sie es bitte nur als Idee, als Gedankenspiel. Natürlich dürfen Sie auch daran glauben; dann bitten Sie darum, diesen Lichtstrom deutlich wahrzunehmen – es ist Ihr eigener, und es fällt Ihnen sicher leicht, ihn zu spüren, denn er fühlt sich sehr vertraut an, sehr wie Sie selbst. Natürlich, denn das IST ja Ihre Energie.

Es wird Zeit, ganz rasch und leicht auf Ihren Platz zurückzukehren, denn hier fließt Ihre Energie spürbar stabil. Auf Ihrem Platz sind Sie schon allein deshalb geschützt, weil Ihre Energie einen starken Kraftstrom bildet, der, weil er selbst so klar und rein ist, gar keine Fremdeinwirkungen und Fremdbestimmungen zulässt.

Schließen Sie also die Augen, und stellen Sie sich bitte vor, es gäbe einen stabilen weißen oder silbrigen Lichtstrahl, der aus dem allerhöchsten Bewusstsein sternengleich auf die Erde fällt. Er funkelt und glänzt, wirkt sehr klar und rein. Vielleicht bildet er einen Lichtkreis auf der Erde, vielleicht auch nicht. Genau so, wie Sie es wahrnehmen oder sich vorstellen, ist es richtig. Nun treten Sie bitte in diesen Lichtstrahl ein – vielleicht müssen Sie dafür einen kleinen Schritt zur Seite oder nach vorn machen. Gehen Sie diesen Schritt bitte tatsächlich, nicht nur in Gedanken. Dieser kleine Schritt ist wichtig, weil er dem Körper das Gefühl gibt, tatsächlich ein anderes Energiefeld zu betreten. Es merkt niemand, Sie können ihn sogar an der Kasse oder im Büro machen. Sie schauen einfach, wo der Lichtstrahl hinfällt und stellen sich mitten hinein, damit er sie durchströmen und ausfüllen kann. Augenblicklich durchfließt Sie nun Klarheit, spüren Sie das? Wenn Sie in diesem Lichtstrahl stehen, können Sie gut Ja und Nein sagen, Sie sind unantastbar, weil Sie mit dem höchsten Bewusstsein verbunden sind. Es geht ganz rasch.

Bitte überprüfen Sie immer wieder, mehrmals am Tag, ob Sie in Ihrem Lichtstrahl stehen oder nicht, und falls nicht, dann machen Sie diesen kleinen Schritt. Es kann passieren, dass die Ereignisse Sie innerlich ein wenig aus sich selbst heraustreten lassen. Aber Sie haben jederzeit die Möglichkeit und die Erlaubnis, wieder einzutreten in Ihren ureigenen Kraftstrom, damit Sie Ihre Wahrheit wieder spüren.

Von hier aus können Sie reagieren und verhandeln, Sie wissen, was Sie wollen und wer Sie sind.

Vor Fremdeinflüssen geschützt zu sein, entspricht den geistigen Gesetzen der Selbstbestimmung – diese wirken, wenn Sie sich bewusst in ihre Obhut begeben. Stehen Sie in diesem sternenklaren Lichtstrahl, können deshalb auch Sie nicht mehr ausbeuten oder manipulieren, denn selbst wenn Sie das gar nicht wollen, kann es sein, dass sich unterschwellige, gewohnheitsmäßige oder unbewusste Mechanismen gebildet haben, mit denen Sie anderen Energie rauben. Auch das spüren Sie, wenn Sie im klaren Licht der Freiheit stehen.

Aber wird es nicht sowieso Zeit, das zu erkennen und damit aufzuhören? Nun kommen wir zum nächsten Schutzschild.

Die eigenen Absichten

Schützen Sie Ihr Energiefeld

Ihre wahren Absichten sind nicht das, was Sie bewusst wollen, sondern sie zeigen das, was Sie anziehen und zu brauchen glauben, ob es Ihnen bewusst ist oder nicht. Sie sind es, die in der Tiefe wirken und Ihr Energiefeld bestimmen. Wenn Sie zum Beispiel nicht wissen, woher Sie spirituell und emotional genährt werden, dann ist Ihre unbewusste Absicht möglicherweise, diese Nahrung von anderen zu erhalten – und dafür sorgen Sie, egal wie. Die einzige reine Absicht, die von echter Kraft getragen wird, ist die, der Schöpfung zu dienen, der Schöpfung und der Liebe, nicht dem Mangel, nicht der Angst vor dem Leben, nicht der Kontrolle, nicht der Anerkennung, nicht einmal der Menschheit, sondern dem LEBEN.

Auch wenn Sie Ihre unbewussten Absichten nicht kennen, bestimmen sie dennoch Ihr Energiefeld, und je weniger Sie sie wahrhaben wollen, desto mehr öffnen Sie dunklen, langsam schwingenden Energien Tür und Tor, weil sie im gleichen angsterfüllten Feld angesiedelt sind. Alles, was Sie in sich abspalten und nicht haben wollen, nicht spüren möchten und weit von sich weisen, bestimmt Ihr Feld maßgeblich mit, denn all das ist nicht erlöst und frei. Erlöst und frei bedeutet, dass es Ihnen bewusst ist und Sie die Wahl haben, darauf zu reagieren oder nicht. Immer wenn Sie etwas gegen Ihren eigenen Willen tun oder einen anderen dazu bringen möchten, es Ihnen recht zu machen, ohne auf sich selbst zu hören (selbst wenn Sie es nur gut meinen!), sind Ihre Absichten nicht von reiner, göttlicher Kraft getragen.

Auch Sie leben wahrscheinlich in den meisten Bereichen Ihres Lebens nicht in Freiheit, sondern in Befürchtungen und Zwängen. Das ist nicht natürlich, nicht licht und frei, es wird getragen von Bindungsenergie und Angst. Aber Sie können, wenn Sie wollen, ganz leicht aussteigen und in ein höheres Feld wechseln – wenn Ihnen bewusst wird, wo Sie gebunden sind, und wenn Sie es für möglich halten, dass dies nicht der Lauf der Welt ist, sondern künstlich geschaffene Abhängigkeit.

Wenn Ihnen das nicht bewusst ist, dann kennen Sie Ihr eigenes Energiefeld nicht, und dann werden Sie erstens nicht frei, und zweitens können Sie nicht sicher sein, ob Sie nicht Wesenheiten anziehen, die mit Ihren unbewussten Absichten in Resonanz gehen – oder doch, natürlich können Sie sicher sein, dass genau das geschehen wird. Wenn Sie unfreie und süchtige Energien in sich tragen, wenn Sie in bestimmten Bereichen des Lebens aus Angst handeln, nicht aus Liebe, wenn Sie andere oder sich selbst binden oder manipulieren wollen, selbst wenn es scheinbar zu deren oder Ihrem eigenem Besten geschieht, dann ziehen Sie genau diese Energien auch an. Ihr wichtigster und bester Schutz ist also das Energiefeld, in dem Sie sich aufhalten. Je reiner und klarer Sie selbst sind, desto weniger können sich Ihnen dunkle, manipulierende und räuberische Kräfte nähern …

Stimmt das? – Bedingt.

Gerade wenn wir viel mit Licht arbeiten, machen wir oft die Erfahrung, dass sich die Dunkelheit zu verstärken scheint.

Meistens ist es unsere eigene Dunkelheit, die sich zeigt. Je bereitwilliger wir hinschauen und erkennen, in welchen Bereichen wir selbst noch dunkel sind, desto freier und leichter werden wir. Außerdem gehört zum Weg ins Licht die eindeutige Absage an alle dunklen Energien. Sie dürfen da sein, wir spalten sie nicht ab. Aber wir dienen ihnen nicht. Wir halten ihnen eine Lichtsäule entgegen, um ihnen den Weg ins Licht zu ermöglichen, wenn wir das Gefühl haben, es ist unser Auftrag – aber dann lassen wir los.

Wir erlauben nicht, dass unser Licht anderen als Nahrung dient, sondern wir zeigen ihnen, wo sie ihr eigenes Licht finden.

Ob sie es dann nehmen oder nicht, können wir nicht beeinflussen, denn hier wirkt nun mal der freie Wille, aber das ist auch gut so.

Zu den klaren Absichten gehört insbesondere die Absage an alles, was uns Energie rauben will. »Alles« schließt Menschen ein, Situationen, Dinge, die wir kaufen sollen, die Werbung, Fernsehsendungen, die uns auf emotionaler Ebene manipulieren möchten, damit sich die Einschaltquoten erhöhen. Wollen wir im Licht der Klarheit stehen, müssen wir erkennen, was uns verführt, wem wir ganz freiwillig unsere Energie geben, weil wir ein Schnäppchen machen wollen, egal in welchem Bereich. Alles, was zu billig ist, fordert seinen Preis auf anderer Ebene, sei es in Beziehungen, seien es Waren oder Möglichkeiten – Sie werden ihren Preis zahlen müssen. Und wenn Sie das nicht bewusst tun, also eine echte Wahl treffen und Ja oder Nein sagen, sondern sich verführen lassen, dann zahlen Sie eben unbewusst. Sie fühlen sich ausgelaugt, ohne zu spüren, dass dieser scheinbare Energieraub die zweite Rate inklusive Zinsen war.

Lassen Sie Geschäfte links liegen, die Ihnen versprechen, das billigste Angebot zu haben, außer es fühlt sich kraftvoll und klar an. Stellen Sie sich in Ihren Lichtstrahl, und spüren Sie, ob Sie wirklich den billigsten Preis haben wollen – denn was bedeutet das? Auf wessen Kosten sparen Sie Geld? Und welche Information geben Sie sich selbst?

Die, dass Sie nicht genug Geld haben, einen angemessenen Preis zu zahlen, der auch den Menschen, die hart für diese Waren arbeiten, ein Auskommen ermöglicht, oder? Nun, wenn Sie dazu nicht genug Geld haben, dann erhöhen Sie Ihre Energie, damit mehr Geld in Ihr Leben strömt. Schwächen Sie sie nicht noch mehr durch Billigkäufe, denn das ist letztlich auch Energieraub, so verführerisch und »schlau« er auch angepriesen wird. Billigkäufe sind egoistisches Mangeldenken. Kaffee hat seinen Preis, denn die Bauern müssen davon leben und Schulen bauen. Kleider haben ihren Preis, es sei denn, Sie wollen umweltschädliche, minderwertige und durch Raubbau an der Natur (an unserer Mutter Erde, deren Energie wir brauchen, um gut geerdet zu sein, ist Ihnen das klar?) erzeugte Stoffe in Ihrem Leben und Ihrem Kleiderschrank haben.

Müssen Sie nun zum Heiligen werden? Natürlich nicht, außer, Sie wollen es. Ich weiß auch, dass es manchmal wirklich sehr schwer sein kann, und wenn der Geldbeutel leer ist, dann nutzt Ihnen das ganze Gerede nichts. Dann segnen Sie bitte jeden Cent, den Sie ausgeben, segnen Sie jeden Cent, der in Ihre Tasche fließt, und schauen Sie, was Ihre Energiefresser sind.

Rauben Sie anderen keine Kraft, wenn Sie selbst in Fülle leben wollen, sondern nähren Sie Ihre Umwelt und sich selbst mit Ihrem Licht.

Gehen Sie in Geschäfte und nutzen Sie Dienstleistungen, bei denen Sie Lebensenergie spüren, bei denen Menschen nicht ausgebeutet werden und deren Waren natürlicher Herkunft sind. Nein, ich bin keine Missionarin für »Jute statt Plastik«. Machen Sie, was Sie wollen. Aber machen Sie wirklich, was Sie wollen! Denn Ihr Herz, Ihre wahren Absichten, wollen nicht schaden, sondern dienen. Sie wollen die Energie und die Liebe auf diesem Planeten erhöhen, nicht senken und nicht ausbeuten. Kaufen Sie, was Ihnen Freude macht und Ihnen ein gutes Gefühl gibt – ein allgemeines, umfassendes gutes Gefühl. Essen Sie Fleisch? Tun Sie es. Aber erlauben Sie nicht, dass Tiere dafür leiden, weil sie unter vollkommen unwürdigen Bedingungen aufgezogen werden.

Wir dürfen dem Leben nicht die Möglichkeit nehmen, in Freiheit zu fließen.

Den Preis für das Leiden anderer können Sie gar nicht zahlen, so hoch ist er. Ihre Energie senkt sich drastisch, wenn andere für Ihr Wohlbefinden leiden müssen, weil das nicht den geistigen Gesetzen von Liebe und Fülle entspricht – und nicht dem, was Ihr Herz will.

Schauen Sie keine Sendungen an, die Ihnen emotionale Energie rauben, die davon leben, dass Sie sich aufregen oder Angst bekommen. Wenn eine Sendung nicht in der Tiefe berührend, erhebend, erheiternd, erfüllend oder lehrreich ist, Ihr Leben also nicht bereichert, sondern nur angstvoller und dunkler macht, dann dient sie Ihnen nicht.

Wenn wir Luzifer erlösen wollen, besonders in uns selbst, dürfen wir nicht mit dem Teufel tanzen.

Heißt das, wir sollen uns nicht mit dem Leid anderer beschäftigen? Doch, natürlich. Immer dann, wenn wir wirklich etwas ändern können, und das meine ich durchaus sehr global und umfassend. Wir können immer etwas tun, wenn wir Leid sehen – zum Beispiel beten, ein Licht anzünden, die Seele des Leidenden still daran erinnern, dass auch sie ein Schöpfer ihrer Wirklichkeit sein kann, segnen, die Hüter der Erde und des Schicksals aller um Gnade bitten. Wir können aufhören, anderen Leid zuzufügen oder uns emotional am Leid anderer zu bereichern, was wir tun, wenn wir uns damit wichtigmachen, tratschen, uns darüber ereifern und uns so mit dem Leid des anderen selbst Aufmerksamkeit sichern … Wir können uns vor dem Schicksal des anderen verneigen. Was allerdings nicht hilft, ist das Mitleiden mit jemandem. Beschäftigen Sie sich mit jenen Themen, zu denen Sie kraftvolle, hilfreiche und segnende Energien beitragen können und wollen – und schaden Sie sich selbst nicht weiter, denn sonst verletzen Sie Ihr eigenes inneres Kind, das nur ein gewisses Maß an Leid ertragen kann, ohne Schaden zu nehmen.

Wir sind viele, und wenn jeder seinem Herzen, wirklich seinem Herzen folgt, dann ist jedem geholfen.

Schauen Sie sich in Ihrem Leben um, und sortieren Sie alles aus, was Ihnen schon beim Anschauen die Kraft nimmt. Je stabiler Ihr energetischer Allgemeinzustand ist, desto weniger können Ihnen Energieräuber etwas anhaben.

Alles, was dem Planeten, der Liebe und dem Leben nicht dient, schadet auch Ihrer eigenen Energie. Den größten Schaden fügen Sie sich immer selbst zu, Ihrer eigenen Lebenskraft, denn diese ist unbestechlich. In ein Buch über Schutz gehört also unbedingt der Hinweis, niemandem zu schaden, niemanden auszubeuten und auf das große Ganze zu achten, das verstehen Sie, nicht wahr? Alles, was Sie aussenden, fällt auf Sie zurück, das wissen Sie. Nicht aus Strafe oder Rache, natürlich nicht, sondern weil es etwas über Ihre eigene Energie aussagt. Sie selbst sind ein Magnet für Energien und Ereignisse, und Ihr Zustand, das, was Sie sagen, glauben, fühlen, denken, wollen, vor allem aber, was Sie tatsächlich TUN, entfaltet seine Wirkung. Warum? Weil es nun mal das Lied ist, das Sie singen, ob es Ihnen gefällt oder nicht.

Das Universum antwortet immer in der von Ihnen vorgegebenen Tonart.

Es wird Zeit, sich aus co-abhängigen Mustern zu lösen und sich selbst einen Platz im Licht zu suchen – und dort zu bleiben. Es dient niemandem, wenn wir in der Dunkelheit verharren. Wir sind Leuchttürme, Wegweiser und Wegbereiter. Wenn wir selbst im Licht stehen und anderen erzählen, wie frei und rein es sich dort anfühlt, dann machen wir ihnen Mut, sich selbst auf den Weg zu machen. Es dient Ihnen nicht, wenn Sie versuchen, den Müll der anderen zu sortieren und beiseitezuräumen, denn es gehört zum Weg dazu, etwas für sich selbst zu tun. Selbstverständlich dürfen Sie für andere da sein und ihnen Unterstützung anbieten, aber das Sortieren und die Bereitschaft zu dieser Arbeit müssen ausdrücklich und anhaltend vom jeweils anderen kommen.

Das Herz der Erde

Stärken Sie Ihre Verbindung zur stabilen Kraft der Erde

Atmen Sie ein paar Mal tief durch, und stellen Sie sich dann bitte vor, die Erde selbst hätte ein riesiges goldenes Herz in ihrem Mittelpunkt. Es pulsiert und leuchtet, seine Wärme strömt durch die gesamte Erde, fließt durch Ihre Füße in Sie hinein und erfüllt Sie mit der Liebe der Erde. Nun richten Sie Ihre Aufmerksamkeit auf Ihr eigenes Herz, stellen Sie sich vor, auch hier gäbe es ein wunderbar wärmendes goldenes Licht, und lassen Sie einen Lichtstrahl davon in das Herz der Erde hineinfließen. Das Herz der Erde antwortet sofort, Sie spüren, wie warmes Gold in Ihr Herz hineinströmt und Sie wärmt, stärkt und mit Geborgenheit erfüllt. Sie sind nun verbunden mit der unermesslich reichen Kraft der Erde.

Wann immer Sie Entscheidungen treffen, fragen Sie Ihr eigenes Herz und das Herz der Erde, welche Entscheidung die Wärme und das Gold erhöht und welche nicht – und handeln Sie entsprechend!

Die goldene Lichtnahrung

Schöpfen Sie neue Energie

Immer wenn Sie sich ausgelaugt und müde, irgendwie leer und traurig fühlen, hilft Ihnen vielleicht folgende Übung.

Vor Ihrem inneren Auge entsteht ein Energiefeld von Licht oder eine Lichtsäule. Stellen Sie sich dieses Licht einfach vor, oder erlauben Sie, dass Sie es spüren. Viele Menschen sehen nichts, spüren aber die Energien, die ich ihnen als innere Bilder anbiete. Auf welche Weise auch immer Sie also diese Lichtsäule wahrnehmen, stellen Sie sich nun bitte hinein. Lassen Sie sich von ihrem Licht durchströmen, spüren Sie die Erleichterung, die Kraft und die Wärme, die hier fließen. Die Lichtsäule ist außen wunderbar golden, nach innen wird sie immer heller und weißer. Stellen Sie sich bitte in den Bereich, der sich genau jetzt sehr gut anfühlt. Vielleicht mögen Sie sich zunächst ein wenig in dem Gold aufhalten und später weiter nach innen gehen, vielleicht tut Ihnen das weiße Licht aber auch jetzt schon gut. Sie können auch einfach im goldenen Bereich bleiben, machen Sie es bitte so, wie es für Sie richtig ist. Erlauben Sie nun, dass alles Schwere in Ihnen wie Rauch nach oben aufsteigt. Es löst sich einfach aus Ihnen heraus, Sie brauchen nichts zu tun, es geschieht von ganz allein. Mehr und mehr durchströmt Sie nun dieses Licht, und je mehr Schwere aufsteigt, desto mehr Raum entsteht für das Licht.

Nun erscheinen Engel. Die Engel der Liebe und der Heilung schweben in die Lichtsäule hinein. Vielleicht spüren Sie sie als Wärme oder als Kribbeln, vielleicht können Sie sie auch innerlich sehen – wenn nicht, dann gehen Sie bitte dennoch davon aus, dass sie da sind. Sie beginnen, kleine goldene Funken in die Lichtsäule zu streuen, wunderschön schimmernde kleine Herzen oder Sterne, die Heilkraft und sehr viel Liebe enthalten. Wie in einer Schneekugel rieseln die Herzen nun auf Sie herab – und in Sie hinein. Die Herzen oder Sterne rieseln in all Ihre Zellen, in jede einzelne, jede Zelle bekommt ein eigenes kleines goldenes Herz oder einen Stern. Immer mehr Herzen strömen auf Sie herab und in Sie hinein, und Sie nehmen sie gern in sich auf. Sie können sich selbst vielleicht im Moment keine Energie geben, aber Sie können sie nehmen, und genau das tun Sie bitte von nun an. Irgendwann sind Sie ganz und gar aufgefüllt mit Herzen, jede Zelle strahlt von innen heraus und Sie fühlen sich voller Liebe und Geborgenheit, genährt und erfüllt.

Erinnern Sie sich von nun an daran, sich jeden Tag mit kleinen Lichtfunken auffüllen zu lassen. Die Liebe, die wir brauchen, ist im Übermaß vorhanden, wir brauchen sie nur zu nehmen.

Diese Übung kann ganz rasch gehen, wenn Sie sie ein wenig trainiert haben. Egal wo Sie sind – immer wenn Sie ein bisschen Energie brauchen, nehmen Sie die Lichtfunken oder Herzen in sich auf.

Schutzengel

Finden Sie Ihre himmlischen Helfer

Ob Sie an Engel glauben oder nicht – in diesem Buch werde ich Ihnen natürlich auch jene geistigen Wesen vorstellen, die speziell zu Ihrem Schutz mit Ihnen zur Erde gekommen sind.

Schutzengel halten und stabilisieren Ihr Energiefeld, während Sie mit Ihrem Leben und den dazugehörigen Aufgaben beschäftigt sind.

Sie beschützen Sie, sorgen dafür, dass Sie tatsächlich das tun, was sich Ihre Seele vorgenommen hat. Der Schutzengel bildet die Reißleine, wenn es um Fallschirmspringen geht, die Luftversorgung, falls Sie lieber tauchen gehen.

»Warum haben wir überhaupt Schutzengel, wenn sie im entscheidenden Moment doch oft nicht da sind?«, mögen Sie sich zu Recht fragen. Vielleicht haben Sie sich entschieden, nicht mehr an Engel zu glauben, weil Ihnen diese himmlischen Botschafter sowieso willkürlich und unzuverlässig zu sein scheinen.

Das steht Ihnen frei, und es ist durchaus verständlich. Ich habe keine Antwort auf die Frage, wozu es bitte dienen soll, dass Menschen oder Tiere sterben oder leiden. Ein zutiefst menschlicher Teil in uns kann auf die Frage »Wozu?« nur fassungslos den Kopf schütteln.

Wenn wir Engel in unser Leben einladen, uns bewusst in ihre Obhut begeben wollen, dann ist dies für viele Menschen mit einem »dennoch« verbunden. Ja, es gibt sehr viel Leid auf der Welt, sicher auch in Ihrem Leben. Selbst wenn Sie Ihren Frieden damit geschlossen haben, gibt es auch den äußerst traurigen und entmutigten Anteil, der nie verstehen wird, wozu all das Leid gedient hat. Sind wir bereit, uns DENNOCH in die Obhut von Engeln zu stellen, es auszuprobieren, ihre gute Kraft zu nutzen und für uns in Anspruch zu nehmen? Das Leben mutet uns eine ganze Menge zu, und oft genug fühlen wir uns von Gott und unserem Schutzengel verlassen. Es nutzt uns in solchen Momenten nicht viel, zu wissen, dass unsere Engel nie weiter als einen Gedanken entfernt sind.

Ich möchte Ihnen die folgende Übung anbieten, als eine Art vertrauensbildende Maßnahme, nur als Versuch. Wenn sie sich gut anfühlt, dann möchten Sie vielleicht die Beziehung zu Ihrem Schutzengel bewusst stärken, heilen, wenn das nötig ist, oder sie überhaupt aufnehmen. Ihr Schutzengel ist für Sie da. Es ist ein heiliges und heilendes, wärmendes und sehr stabilisierendes Energiefeld, das Ihnen Kraft und Sicherheit gibt, wenn Sie es bewusst herbeirufen.

Müssen unsere Schutzengel denn überhaupt gerufen werden, sind sie nicht sowieso da? Ja, natürlich. Wer nicht da ist, sind wir selbst. Wenn wir unseren Schutzengel rufen, dann öffnen wir uns damit für seine Kraft. Wir rufen uns selbst, und holen unsere Aufmerksamkeit aus der oft ziemlich hektischen Betriebsamkeit der Außenwelt zu uns zurück.

Schließen Sie bitte die Augen und atmen Sie ein paar Mal tief durch, um Ihre Aufmerksamkeit bewusst nach innen zu lenken, denn nur hier können wir unseren Schutzengel spüren. Und nun bitten Sie ihn einfach, sich zu zeigen, spürbar zu werden, sich irgendwie bemerkbar zu machen. Mehr ist es nicht. Es kann sehr dienlich sein, sich zunächst eine Lichtsäule vorzustellen oder, wie schon geübt, zu schauen, wo diese Lichtsäule auf den Boden fällt und sich dann hineinzustellen. Nun bitten Sie Ihren Schutzengel, in dieses Feld mit einzufließen, es auszufüllen, oder vielleicht einen eigenen Lichtkreis am Boden zu bilden. Treten Sie ein in das Licht, das Ihr Schutzengel Ihnen anbietet, treten Sie ein, und lassen Sie sich innerlich fallen, spüren Sie den Schutz und die Liebe, die Geborgenheit und den Halt. Atmen Sie auf, und wissen Sie sich geschützt.

Wenn Ihnen das zu vage ist, dann stellen Sie sich bitte ganz bewusst einen Engel vor, so, wie Sie ihn gerne hätten, und bitten Sie ihn, Sie zu beschützen und Ihnen Kraft zu geben. Vielleicht möchten Sie sich Ihren Schutzengel wie ein Lichtfeld vorstellen, wie eine wärmende und schützende Kraft, vielleicht aber hätten Sie auch gerne eine klassische Engelgestalt. Ihr Schutzengel ist hilfreich, er wird sich so zeigen, wie Sie es möchten, deshalb spielt seine Gestalt keine große Rolle. Was allerdings eine große Rolle spielt, ist Ihre Bereitschaft, das, was Sie spüren, für möglich zu halten. Sie brauchen nicht einmal daran zu glauben. Aber für möglich halten sollten Sie es schon, sonst hat Ihr Schutzengel keine Chance, Sie würden ihn nicht erkennen, sondern uminterpretieren oder ihn sich selbst wieder ausreden.

»Ich spüre nichts außer ein bisschen Wärme und vielleicht einen Hauch Frieden ...« – Nichts, aha. Und wenn diese Wärme und dieser Hauch Frieden schon der ganze Zauber wären? Schutzengel kommen nicht mit Pauken und Trompeten, zumindest für gewöhnlich nicht. Sie sind einfach da, leise, still, friedlich. Es ist unsere Aufgabe, uns dafür zu öffnen, sie zu spüren.

Spiritueller Nervenschutz

Bauen Sie eine Schutzhülle für Ihre Empfindungen auf

Manchmal fühlen wir uns zu dünnhäutig, irgendwie durchsichtig, wir haben das Gefühl, dass unsere Nerven blank liegen. Uns ist alles zu viel, wir sind zu empfindsam, sind traurig ohne zu wissen, warum und fühlen uns ungeschützt und ungeborgen. Welche Ursachen das auch haben mag, hier hilft spiritueller Nervenbalsam, der sich wie eine Schutzhülle um die Nervenbahnen legt.

Zunächst ein klein wenig Anatomie, damit Sie sich dieses Bild besser vorstellen können: Aus dem Gehirn und dem Rückenmark, wo die Nervenzellen sitzen, verlaufen lange Nervenbahnen bis hin zu jedem Muskel, jedem Organ, einfach überallhin. Stellen Sie sich das bitte vor wie ein riesiges Netzwerk von Nervenbahnen, die teilweise über einen Meter lang sind und die Konsistenz »halbgekochter Spaghetti« haben. (Mein Anatomieprofessor liebte anschauliche Bilder.) Diese Nervenbahnen sind von einer Myelinschicht umhüllt, die mit der Isolierung eines Stromkabels vergleichbar ist. Diese Schicht genügt manchmal einfach nicht, und dann brauchen wir einen zusätzlichen Schutz.

Stellen Sie sich bitte vor, jetzt, in diesem Moment, strömt eine silbrige oder goldene Flüssigkeit (je nachdem, wie es sich besser anfühlt) in Sie ein. Sie ist sirupartig, warm und sehr angenehm, und sie legt sich schützend um die Nervenbahnen im ganzen Körper. Schließen Sie die Augen, und sehen Sie Ihre Nervenbahnen vor sich, nehmen Sie wahr, wie sich diese Flüssigkeit um sie herumlegt. Sie fühlen sich augenblicklich sicherer, wärmer und innerlich ruhiger.

Wenn Sie diese Übung ein bisschen ausführlicher machen wollen, dann hilft Folgendes:

Bitten Sie zunächst eine Lichtsäule oder ein Lichtfeld auf die Erde. Stellen Sie sich bitte in diese Lichtsäule hinein, und erlauben Sie dem Licht, in Sie hineinzufließen. Es ist sehr warm und nährend, heilend und tröstend. Es gibt hell flirrende Lichtsäulen, die uns geistige Klarheit und Reinigung schenken, diese hingegen versorgt Sie mit spiritueller Nahrung und fühlt sich deshalb warm und sättigend an. Das Licht oder die möglicherweise fast sirupartige Flüssigkeit, die Sie als sehr wärmend und schützend empfinden, strömt in Sie hinein, legt sich nun wie ein schützender Mantel um all Ihre Nervenbahnen und schirmt Sie vor allzu vielen Einflüssen ab. Das kann einen Moment lang dauern, lassen Sie es bitte zu, und sehen Sie vor Ihrem geistigen Auge, wie sich ein Schutzfilm um ihre Nervenbahnen legt. Sie spüren sich selbst wieder, Ihre Energie bleibt bei Ihnen und fließt genau dahin, wo sie gebraucht wird. Sie fühlen sich stabiler und versorgt, ruhen in Ihrer Mitte und können nun besser tun, was eben zu tun ist.

Bitte führen Sie diese Übung immer dann durch, wenn Sie empfindlich sind oder sich gestresst fühlen, immer dann, wenn die Welt zu nah an Sie herankommt.

Will ich das?

Schützen Sie sich mit Ihrem Ja und Ihrem Nein

Ein äußerst wichtiger Schutz ist Ihr eigenes Ja oder Nein! All die spirituellen Schutztechniken nutzen nichts, wenn Sie sich in einer Situation befinden, der Sie sich längst hätten entziehen sollen, in der Sie nicht Ihre Wahrheit sagen oder gar nicht erst spüren, was Ihr System Ihnen zeigen will. Wenn alles in Ihnen ruft, endlich das Meeting zu verlassen oder den Hörer aufzulegen, dann können Sie nicht gegen Ihr eigenes inneres Warnsystem ankämpfen, indem Sie sich in noch eine Lichtsäule hüllen. Verstehen Sie, spiritueller Schutz dient dazu, Ihr System zu beschützen, er hilft Ihnen aber nicht dabei, sich weiter zu verleugnen.

Erlauben Sie sich von nun an die Frage »Will ich das?«, und beantworten Sie sie ehrlich.

Das ändert zwar noch nichts an Ihrer Situation, aber zumindest kommen Sie Ihrer eigenen Kraft bereits wieder näher. Wenn Sie sich selbst beschwichtigen, Ihre Gefühle unterdrücken und diese innere Stimme, die Ihnen ganz genau sagt, was Ihnen guttut und was nicht, zum Schweigen bringen, dann nutzt Ihnen all der Schutz und die Reinigung nichts. Warum nicht? Weil Sie Ihre Kraftquellen ausgeschaltet haben. Schutz und Reinigung dienen dazu, Ihre innere Quelle zu stärken und zu unterstützen, sie dienen immer auch dazu, wahrhaftiger, innerlich aufrechter und klarer zu werden. Irgendwann also müssen Sie sich mit sich selbst auseinander- oder vielmehr zusammensetzen, sich die Frage »Will ich das?« ehrlich beantworten und Konsequenzen ziehen. Und genau hier scheinen viele Menschen immer wieder zu scheitern, hier setzt meist der Widerstand ein, hier verlassen viele den Weg der Klarheit und bleiben im Sumpf der Trägheit und Angst stecken. Fordere ich Sie auf, Ihr Leben radikal zu ändern? Natürlich nicht. Aber kleine, sanfte Veränderungen sind vielleicht schon angemessen, in den Bereichen, in denen Sie noch nicht viel ausrichten können, deren Veränderung Ihnen aber dennoch das Gefühl gibt, Ihre Selbstbestimmung wieder zu erlangen. Müssen Sie zum Beispiel immer ans Telefon gehen, nur weil es klingelt? Sind Sie immer verfügbar, aus lauter Angst, etwas zu verpassen oder den Job zu verlieren, wenn Sie einmal nicht parat stehen? Erlauben Sie, immer wieder aus Ihrem Fluss gebracht zu werden, weil jemand etwas von Ihnen will? Wenn Sie Kinder haben, lässt sich das natürlich nicht vermeiden, aber oftmals bekommen Sie gar nicht mit, wie oft Sie Ihren eigenen Kraftstrom tatsächlich verlassen. Das fühlt sich für Ihre Nerven ähnlich an wie Werbeunterbrechungen in einem wirklich berührenden Film. Sie werden aus Ihrer Kraft herausgerissen, müssen Ihre Aufmerksamkeit urplötzlich Situationen oder Menschen zuwenden, die meistens nicht mal um Erlaubnis fragen – dies ist übrigens eine der anerkannten Ursachen für Stress! Auf die Frage »Störe ich?« dürfen Sie durchaus mit einem »Ja, im Moment schon!« antworten, auch wenn es hart klingt. Es ist aber nicht hart, es ist lediglich klar. Hätte der andere ein wenig in den Fluss der Energien hineingespürt, hätte er Sie wahrscheinlich gar nicht angerufen. Wenn Sie aber erlauben, dass Sie gestört werden, dann funktioniert Ihr natürlicher energetischer Schild nicht gut. Er ist wahrscheinlich gar nicht aktiviert, wenn Sie sich leicht von dem für Sie selbst

Wesentlichen ablenken lassen. Deshalb können andere überhaupt auf die Idee kommen, Sie seien verfügbar. Nun, Sie sind es in dem Fall, wenn auch zähneknirschend. Erlauben Sie sich dagegen, bei sich zu bleiben, und nehmen Sie Ihren Fluss ernst, Ihren Strom als Auftrag, dann sorgt Ihre eigene Energie dafür, dass Sie nicht gestört werden. Haben Sie einmal bewusst erlebt, wie sich Ihre Energie zerstreut, wenn Sie sich immer wieder ablenken lassen, dann werden Sie nicht mehr so leichtfertig mit Ihrem Strom umgehen. Es ist nicht nett, einfach aufzulegen, wenn ein Kundenberater einer Firma Sie anruft, den Sie gar nicht um Hilfe gebeten haben. Aber es ist noch viel weniger nett, Sie in ein Gespräch zu verwickeln, Ihnen Zeit zu stehlen und Sie zu nötigen, sich abzugrenzen, obwohl Sie vielleicht gerade mitten in einer wichtigen oder auch wunderschönen Tätigkeit sind. Gehen Sie nicht ran oder legen Sie auf. Ich muss das auch manchmal machen, zum Beispiel, während ich dieses Buch schreibe. Wie gesagt, es ist nicht nett. Aber Ihr eigener Fluss ist manchmal wichtiger als ein paar höfliche Worte – oder können Sie hinterher einfach so weitermachen, kommen Sie leicht wieder in Ihren Kraftstrom?

Ja! Nein!

Stellen Sie sich bitte einmal am Tag, besser noch einmal in jeder Stunde, die Frage »Will ich das?«, und lauschen Sie ganz ehrlich in sich hinein. Spüren Sie Ihre Antwort, und erlauben Sie sich selbst, wenn es Ihnen möglich ist, danach zu handeln. Sicher können Sie nicht Ihren Job kündigen, nur weil er Sie gerade nicht erfüllt. Aber Sie können sich einer kleinen, unbedeutenden Situation entziehen wenn Sie sich nicht mehr wohlfühlen, Sie können sich ein paar Minuten in ein besonders gemütliches Café setzen, wenn Ihre innere Stimme auf die Frage »Will ich das?« mit einem freudigen »Ja!« antwortet. Sie können sich die Zeit für einen Mini-Spaziergang nehmen, und Sie können sich selbst erlauben, einmal nicht ans Telefon zu gehen, weil Sie gerade beschäftigt sind – und sei es, um sich zu fragen, was Sie eigentlich wollen! Ihr eigenes Energiesystem ist stärker als Sie vielleicht glauben, und wenn Ihre Kräfte auf ein Ziel ausgerichtet sind, dann sind Sie nicht so leicht angreifbar. Das Ziel ist immer das, was Sie im Moment wollen, kein hehres Ziel am Ende des Lebens, sondern ein Zielchen, das Sie gerade jetzt verwirklichen wollen – beispielsweise Ihrem Partner mal wieder sagen, wie sehr Sie ihn lieben. Auch das ist übrigens ein guter spiritueller Schutz – lassen Sie Ihre Liebe mal wieder ein bisschen freier fließen …

Ihr wichtigster Schutz ist also Ihr eigenes Energiesystem und Ihr Umgang damit. Sorgen Sie dafür, dass Ihr Resonanzkörper, nämlich Sie selbst, Ihr Leben, Ihre Gedanken, Ihre Gefühle, Ihr Verhalten, erfüllende und beglückende Energien anziehen. Dann sind Sie sowieso geschützt.

Etwas ziehen wir immer an, das ist unsere Natur, wir können nicht anders. Wir sind immer in Resonanz mit jenen Energien, die unserem eigenen Zustand entsprechen. Das Schützen ist wesentlich, damit wir nicht aus Versehen oder gegen unseren bewussten Willen in niedrig schwingende Gefilde hineingezogen werden. Auch das Reinigen ist wichtig, denn wir können es nicht verhindern, wenn wir unser Leben tatsächlich leben, auch mit allerlei schweren Kräften in Kontakt zu kommen. Aber das Wichtigste ist, dass Sie es sich gut gehen lassen, wirklich gut, dass Sie gut für sich sorgen, damit Sie immer weniger dieser schweren und dunklen Energien anziehen.

Hier sind ein paar typische Denk- und Verhaltensmuster von Menschen, die sich selbst unter Druck setzen:

- Sie erlauben sich keine Ruhe- und Erholungsphasen.
- Sie wollen und müssen jederzeit erreichbar sein.
- Sie können nicht Nein sagen.
- Sie haben stets ein offenes Ohr für andere, egal was sie selbst gerade machen.
- Sie haben den Anspruch an sich selbst, stets Lösungen für alles und jeden zu finden.
- Sie richten den Blick auf das, was sie nicht geschafft haben, statt sich für das zu loben, was sie erreicht haben.

Sie erkennen sich in dem einen oder anderen Punkt wieder, richtig? Wie aber können Sie diese Einstellungen ändern? Zunächst ist es wichtig zu erkennen, dass Sie selbst sich in diese ungesunden Muster hineinmanövriert haben. Natürlich glaubt jeder in Ihrer Umgebung, es sei selbstverständlich, dass Sie jederzeit parat stehen. Aber das stimmt nicht. Es ist lediglich ein Angebot, das Sie gemacht haben und das Sie jederzeit zurückziehen können. Die goldene

Acht leistet gute Dienste, wenn Sie das Gefühl haben, Sie dürften nicht mehr Nein sagen. Außerdem hilft Ihnen vielleicht Folgendes:

Stellen Sie sich bitte bewusst und fest auf den Boden, und nun stellen Sie sich vor, dass Wurzeln aus Ihren Füßen in die Erde hineinwachsen. Fest und sicher sind Sie verankert, Sie werden genährt aus der Kraft der Erde heraus und haben einen guten Stand. Kraftvolle, rote Energie fließt in Ihre Füße, durchströmt Ihren Körper und gibt Ihnen Mut und Halt. Sie spüren sich selbst wieder, Ihre Absichten, das, was Sie wirklich wollen – und Sie bekommen den Mut und die Entschlusskraft, das alles auch durchzusetzen.

Bitten Sie die Kraft der Erde, wenn Sie offen dafür sind, auch die Erdgeister, Ihr Krafttier, die Erdengel und alle hilfreichen Naturgeister, Ihnen zur Seite zu stehen. Sie spüren die Erlaubnis und die Selbstverständlichkeit, in Ihrer eigenen Energie zu bleiben und sich um das zu kümmern, was wirklich zu Ihnen gehört.

Mögen diese Wurzeln vielleicht normalerweise zu fest für Sie sein, zu erdgebunden, so sind sie in dieser Situation doch eine große Hilfe. Manchmal brauchen wir einfach »volle Erdkraft voraus«.

Wenn Sie nicht mehr erlauben, für Schwere zur Verfügung zu stehen, dann bleiben diese Energien auch nach und nach weg, ich verspreche es Ihnen.

Abstinenz

Schützen Sie sich vor schweren Energien

Allerdings funktioniert die vorige Übung nicht, wenn wir nach Energien süchtig sind, die uns schwer machen. Dazu können Essen, Beziehungssucht, die Sucht nach Kommunikation zählen, auch die Sucht nach emotionaler Aufregung, Schwere, dieser inneren Trägheit, die Sucht danach, andere zu retten, auch wenn es uns wirklich nicht guttut. Vor diesen Energien müssen wir uns ganz besonders schützen. In diesem Zusammenhang heißt der Schutz »Abstinenz«. Wir »gehen nicht hin«, und wenn es uns noch so zieht. Das ist eine der schwierigsten Aufgaben, die wir erfüllen können. Wenn uns eine Situation immer wieder herunterzieht, wir uns immer wieder schützen müssen, uns aber dennoch wie magisch von ihr angezogen fühlen, dann sollten wir uns unser Suchtverhalten und unser Mangelbewusstsein betrachten.

Ich sage »wie magisch angezogen«. Wissen Sie, wie man Sie magisch binden kann? Indem man Ihnen Angst macht.

Jemanden in Angst und Unsicherheit zu versetzen und zu halten, lässt sich durchaus mit schwarzer Magie vergleichen, egal, ob sie unbewusst oder bewusst angewendet wird.

Nehmen Sie sich Ihre Freiheit zurück, lassen Sie schwarzmagisch gebundene Situationen hinter sich, sie KÖNNEN Ihnen nicht guttun, sondern schaden nur, egal was sie als Gegenleistung versprechen. Hier hilft die goldene Acht, aber besonders diese Übung:

Ob Sie daran glauben oder nicht, rufen Sie bitte sofort Ihr Krafttier oder den Hüter Ihrer spirituellen Freiheit zu sich. Selbst wenn Sie nicht daran glauben, zeigt dieser Ruf dennoch, dass Sie nicht willens sind, sich vereinnahmen oder ausnutzen zu lassen, dass Sie bereit sind, sich der süchtigen Energie zu widersetzen. Allein diese Absicht schützt und stärkt Sie bereits. Glauben Sie allerdings an geistige Kräfte, dann öffnen Sie nun Ihre Aura für Ihr Krafttier, und bitten Sie um ganz besonders viel Schutz. Vielleicht sehen Sie auf einmal ein Tier, das vor Ihnen herläuft, Sie beschützt, vielleicht steht es auch hinter Ihnen und gibt Ihnen Kraft, oder es trägt Sie auf seinen Flügeln davon.

Bitten Sie auch den Hüter Ihrer Freiheit zu sich, er ist ein machtvolles geistiges Wesen, das Ihre Aura augenblicklich versiegelt, wenn Sie darum bitten. Sie sind dann nicht mehr wahrnehmbar, sind wie in einer anderen Dimension, vollkommen geschützt und abgeschirmt. Es ist eine Art Erste Hilfe gegen geistige Angriffe oder sehr stark ziehende Energien, und Sie können diesen Hüter immer dann rufen, wenn Sie das Gefühl haben, innerlich in Ohnmacht zu fallen, hilflos ausgeliefert zu sein oder wenn Panik Sie überkommt.

Auch ein energetischer schwarzer oder weißer Umhang kann Ihnen gute Dienste leisten, bitten Sie darum, umhüllt zu werden von einem starken spirituellen Schutz.

Probieren Sie dies bitte jetzt, beim Lesen, aus, damit Sie ein wenig Übung erlangen und wissen, wie es sich anfühlt, völlig geschützt zu sein. Sie sind dann nicht mehr ganz anwesend, sondern unangreifbar, nehmen vielleicht Ihre Umgebung nicht mehr richtig wahr, sondern sind wie von einer Energiehülle umgeben. Wenn die Situation vorbei ist, lösen Sie diese Umhüllung bitte auf, damit Sie wieder voll und ganz präsent sind.

Panik ist meist ein Zeichen von echter Gefahr, entweder weil die Situation tatsächlich sehr bedrohlich für Ihre geistige und seelische Stabilität ist oder weil Sie bereits sehr verletzt und schockiert sind. Es ist völlig egal, wie andere diese Situation beurteilen und ob sie damit umgehen können – Sie können es nicht, also brauchen Sie Hilfe. Immer wenn Sie Panik spüren, rufen Sie den Hüter Ihrer Freiheit und lassen Sie sich schützen, damit Sie wieder stabil und handlungsfähig werden. Selbstverständlich sollten Sie lernen, auf die Dauer derart bedrohliche Situationen zu meiden, sich vor allem nicht immer wieder selbst den Wölfen zum Fraß vorzuwerfen, das ist klar, oder? Sie müssen nicht mit allem umgehen lernen. Genauso wenig wie Sie lernen müssen, in Salzsäure zu baden, brauchen Sie lieblose und ausbeuterische Situationen zu meistern – das Meistern besteht eben darin, sie zu umgehen. Wenn eine Situation nicht der Liebe, dem Leben und der Freiheit dient, sondern der Angst oder dem Ego eines anderen oder eines Kollektivs, selbst wenn es ein ganzer Staat ist, dann basiert sie nicht auf den geistigen Gesetzen der Liebe, und damit brauchen wir sie nicht zu akzeptieren und anzunehmen. Natürlich ist das selten einfach, aber es ist wichtig, sich selbst nicht immer wieder zu beschwichtigen und doch noch »das Gute« zu sehen, sondern zunächst, zumindest innerlich, laut und deutlich »Nein!« zu sagen. Die Kraft, zu gehen und etwas Neues zu beginnen, kommt unweigerlich, selbst wenn es ein bisschen Zeit braucht.

Machen Sie es sich bequem, oder stellen Sie sich bewusst in Ihren Lichtkreis – und nun bitten Sie das Allerhöchste, das weiße Licht, die Kraft Gottes oder wie immer Ihr spirituelles Bewusstsein die göttliche Ordnung wahrnimmt, in Sie hineinzufließen. Stellen Sie sich, wenn es Ihnen leichtfällt, das Herz Gottes vor, oder finden Sie bitte ein anderes Bild für die allerhöchste Schöpfer- und Liebesenergie. Diese Kraft strömt in Sie ein, berührt Ihr Herz und lässt es weit und frei werden. Genießen Sie diesen

Zustand – und nun denken Sie bitte an die Situation, die Sie eng macht, gefangen hält. Was geschieht mit dem Lichtstrahl, fließt die Liebe der göttlichen Kraft noch frei und ungehindert in Sie ein? Bitten Sie nun darum, dass die göttliche Ordnung wirkt und Ihnen eine Idee, einen Gedanken, ein inneres Bild schenkt, das Sie frei sein lässt.

Was ist zu tun, wie können Sie die Situation verlassen oder so verändern, dass die Kraft und Liebe des Lichtes und des Universums wieder fließen? Sie selbst brauchen es nicht zu wissen, fragen Sie diesen kraftvollen Energiestrom und öffnen Sie sich für die Gedanken, die Gefühle und das Wissen, die er Ihnen vermittelt. Auch wenn Sie nicht wissen, wie Sie diese Energie umsetzen sollen, so hören Sie doch bitte genau hin, und nehmen Sie das innere Bild ernst, das sich Ihnen als Lösung anbietet. Wenn Sie es wirklich in Ihr Herz nehmen und darauf bestehen, dass sich eine echte Lösung verwirklicht, dann wird es auch geschehen. Es ist immer unser Zögern und unser eigenes Beschwichtigen, das echte Lösungen vermeidet.

Die Violette Flamme

Sorgen Sie für Reinigung und Transformation

Selbstverständlich darf in einem Buch über Schutz und Reinigung die Violette Flamme der Transformation nicht fehlen. Wenn Sie sie bereits kennen, dann darf ich Sie hiermit freundlich daran erinnern, dass sie Ihnen jederzeit zur Verfügung steht und sich auch nicht abnutzt, selbst wenn Sie schon seit Jahren mit ihr arbeiten. Falls Sie sie noch nicht kennen, dann freue ich mich, Ihnen einen sehr wirkungsvollen Schutz zeigen zu dürfen. Über die Violette Flamme gibt es unzählige Bücher. Hier stelle ich Ihnen die Anwendung dieser besonderen Kraft vor, probieren Sie es bitte einfach für sich selbst aus.

Diese Übung führen Sie am besten in aller Ruhe durch, zu Hause oder in einer anderen geschützten Umgebung. Sie dient dem Schutz vor und der Reinigung von allen alten, unerwünschten und nicht mehr stimmigen Energien. Natürlich können Sie die Violette Flamme auch herbeibitten, wenn

Sie ganz spontan Schutz brauchen. Dazu ist es sinnvoll, das innere Bild vorher ein wenig zu üben – am besten gleich!

Schließen Sie bitte die Augen und stellen Sie sich Folgendes vor: Ein großes Feuer brennt in einer riesigen Schale, aber es ist nicht rot und heiß, sondern kühl und violett. Die Violetten Flammen schlagen hoch hinauf, in den verschiedensten Tönen leuchten sie, helles, zartes Lila am Rand bis hin zu dunklem, sakralem Violett in der Mitte der Flamme.

Gebannt betrachten Sie das Schauspiel dieses so ungewöhnlichen Feuers. Auf einmal kommt Ihnen der Gedanke, es wäre eine gute Idee, in dieses Feuer hineinzusteigen. Sie betreten mutig die Schale und lassen sich ganz von diesem Feuer einhüllen. Ihr Körper scheint sich auf sehr angenehme Weise aufzulösen, er wird eins mit dem Violetten Feuer. Sie verschmelzen ganz und gar mit den Flammen, fühlen sich, als wären Sie das Feuer selbst. Sie nehmen die immense Kraft wahr, die klare, reine Kraft der Reinigung und echten Transformation, der echten Änderung. Wenn Sie wollen, dann erlauben Sie jetzt einem Gedanken, einem Gefühl, einer Energie, von dem oder der Sie befreit werden möchten, in Ihnen aufzusteigen.

Sehen Sie, auf welche Weise sich dieser Energiezustand zeigt, vielleicht erkennen Sie eine dunkle Stelle, einen Kristall, der trüb geworden ist, vielleicht erscheint auch ein ganz anderes Bild. Nun schauen Sie, ob diese Energie in der Violetten Flamme aufgelöst wird. Wenn nicht, dann bitten Sie Ihren Schutzengel, diesen Stein, diesen Kristall von Ihnen zu nehmen. Ganz leicht wird er nun aus Ihnen herausgelöst, ganz leicht steigen alle alten Gedanken und Energien, alles, was Sie schwer macht, wie Rauch in diesem Feuer auf. Erlauben Sie der Violetten Flamme, die Stellen, die nun gereinigt sind, zu durchfächeln und mit neuer Kraft anzufüllen. Bleiben Sie so lange in dem Feuer, bis Sie sich wirklich gereinigt und frei fühlen.

Wenn Sie in einer schwierigen Situation sind, dann rufen Sie die Flammen, und stellen Sie sich gedanklich mitten in das Feuer hinein, während Sie die Situation durchleben, Sie sind sicher und geschützt in dieser Flamme.

Auch hier gilt: Der beste Schutz gegen schwierige und dunkle Energien ist, sie zu umgehen! Das klingt zu einfach, aber es stimmt oftmals, und häufig ist es auch möglich. Sie müssen nur lernen, Ihre eigene Co-Abhängigkeit und Selbstaufopferungsbereitschaft in den Griff zu bekommen, dann brauchen Sie sich nicht mehr so oft zu schützen.

Der allerbeste Schutz ist, in gesunde, freie und lichte Energien zu wechseln, dahin zu gehen, wo Sie sich geliebt und anerkannt fühlen, wo Ihr volles Licht leuchten darf – und alle anderen Situationen nach und nach hinter sich zu lassen. »Wenn es verletzt, ist es keine Liebe«[3], und das können Sie auf Ihre jeweilige Situation übertragen.

Wenn Sie sich andauernd schützen müssen, ist die Situation nicht gut für Sie, ganz einfach.

---

[3] Chuck Spezzano: »Wenn es verletzt, ist es keine Liebe: Die Gesetzmäßigkeiten erfüllter Partnerschaft.« München 2005.

Um Segen bitten

Erhalten Sie Trost und Hilfe, wenn Sie sie brauchen oder spenden wollen

Es ist erwiesen, dass Kranke, für die gebetet wird, rascher gesund werden als jene, für die nicht gebetet wird – selbst wenn die Kranken gar nichts von den Gebeten wissen! Energie, die Sie anderen schicken, wirkt also, das wissen Sie zum Beispiel vom Reiki. Nutzen Sie diese Kräfte, und bitten Sie eine Person Ihres Vertrauens, Ihnen Schutz, Segen und Kraft zu schicken, wenn Sie wissen, dass Sie sie brauchen. Es ist ungemein tröstlich zu wissen, ein anderer zündet eine Kerze für Sie an, hält Ihnen den Rücken frei, sendet Ihnen einen Engel. Wann immer Sie sich also nicht selbst schützen können oder das Gefühl haben, besonders viel Kraft zu brauchen, bitten Sie um Hilfe. Selbstverständlich dürfen Sie auch für sich selbst eine Kerze anzünden.

Ganz besonders hilfreich kann es sein, jemand anderen um Schutz für Ihr inneres Kind zu bitten. Finden Sie ein Symbol, eine Puppe, ein Stofftier, ein Bild für Ihr inneres Kind, etwas, das diese Energie für Sie ganz persönlich ausdrückt. Müssen Sie nun eine wirklich schwierige Situation durchstehen, dann geben Sie dieses Symbol in die Obhut eines Menschen, dem Sie wirklich vertrauen und der weiß, wovon Sie reden. Dann wissen Sie Ihr inneres Kind in Sicherheit und können freier agieren. Probieren Sie es bitte aus, es klingt seltsam, wenn man es liest, ist aber äußerst hilfreich, wenn man es anwendet. Natürlich nehmen Sie Ihr inneres Kind wieder zu sich, wenn die Gefahr vorbei ist, egal wie kuschelig es beim anderen war – verantwortlich sind Sie selbst, sonst werden Sie auf der Stelle abhängig vom anderen.

Der Kristall der Reinigung

Reinigen Sie sich von zu viel Energie der anderen

Bei allem Schutz können wir es nicht verhindern, dass wir alle möglichen Energien aufnehmen, ob wir das wollen oder nicht. Also ist es sinnvoll, sich regelmäßig zu reinigen. Neben Salzbädern und der Vorstellung, beim Duschen alle dunkle Energie aus sich herauszuwaschen, kann das folgende innere Bild sehr kraftvoll wirken.

Schließen Sie die Augen, und stellen Sie sich bitte eine Lichtsäule vor, die nun direkt vor Ihnen auf den Boden fällt. Treten Sie ein, und lassen Sie sich von dem Licht durchströmen. Wie Rauch steigt alles, was sich ganz leicht lösen lässt, nun auf, verlässt Ihren Körper und verwandelt sich in reine Energie. Nun erscheint ein großer Kristall in der Lichtsäule. Wenn Sie daran glauben, dann bitten Sie Ihren Schutzengel, diesen Kristall zu halten. Er ist stark magnetisch und zieht alle Energien, die jetzt, heute, in diesem Moment, nicht mehr zu Ihnen gehören, vielleicht noch nie zu Ihnen gehört haben oder Ihnen nicht mehr dienen, aus Ihnen heraus. Sie spüren förmlich, wie dunkle Energie aus Ihnen herausgezogen wird. Möglicherweise bemerken Sie Spannungen oder gar Schmerzen im Körper, aber sie gehören zum Lösungsprozess. Wenn Sie spüren, dass Sie Energie für jemanden tragen, dann geben Sie ihm sein Paket achtsam zurück – oder, wenn Ihnen das leichter fällt, übergeben Sie die alten Lasten an den Schutzengel der Person, für die Sie sie getragen haben, reichen Sie sie an eine lichtvolle, höhere Kraft weiter, die weiß, was für den anderen sinnvoll ist. Der Kristall zieht immer weiter alles aus Ihnen heraus, das Ihnen nicht mehr dient oder einfach zu schwer ist, und mehr und mehr strömt das Licht in Sie hinein.

Wenn Sie das Gefühl haben, für heute alles losgelassen zu haben, öffnen Sie die Augen, und kommen Sie wieder zurück in Zeit und Raum, in denen Sie leben.

Diese Übung können Sie immer durchführen, wenn Sie das Bedürfnis danach haben oder sich einfach irgendwie beschmutzt fühlen. Meist SIND wir es dann auch. Sie werden sich sicher wundern, wie viel dunkle Energie aus Ihnen herausgezogen wird! Aber das macht nichts, wir sind sehr kraftvolle Wesen und können eine ganze Menge tragen. Es wird nur Zeit, endlich damit aufzuhören. Selbstverständlich können Sie auch einen Kristall bei sich tragen, der symbolisch alles aus Ihnen herauszieht, was Sie schwer macht. Am besten Sie lassen sich einfach von dem Stein, dem Kristall anziehen, der Ihnen am besten gefällt und bei dem Sie ein kraftvolles Gefühl oder ein Kribbeln verspüren. Reinigen Sie ihn bitte besonders nach schwierigen Situationen unter fließendem Wasser, oder legen Sie ihn ins Sonnen- oder Mondlicht (fragen Sie dort, wo Sie ihn kaufen, auf welche Weise Sie ihn am besten reinigen können, nicht jede Methode ist für jeden Stein gut) – dann steht er Ihnen stets mit voller Strahlkraft zur Verfügung.

Sich selbst beistehen

Leisten Sie sich Erste Hilfe bei Hilflosigkeit

Sie können jede Situation meistern, auch im Nachhinein, egal wie lange sie bereits zurückliegt. Sie können sich immer noch schützen und die Situation damit beinahe ungeschehen machen, zumindest aber können Sie sie lindern und die Auswirkungen löschen. Selbst wenn sie in einer vergangen Inkarnation stattgefunden hat, so ist es möglich, sich selbst zu erlösen, jetzt, in dieser Minute. Dazu nutzen Sie bitte folgendes Angebot:

Entspannen Sie sich ein wenig, und erlauben Sie, dass vor Ihrem inneren Auge eine Situation entsteht, in der Sie sich verloren, hilflos und ausgeliefert gefühlt haben. Vielleicht sehen Sie sich als ein kleines Kind, vielleicht sind Sie erwachsen und die Situation ist noch gar nicht lange her, aber es ist dennoch das innere Kind, das Hilfe braucht. Sehen Sie sich also in einer Situation, in der dieser Anteil berührt wird, und gehen Sie wirklich in sie hinein. Was tun Sie gerade, wer ist bei Ihnen, wie alt sind Sie, und was geschieht? Wodurch wird dieses Gefühl ausgelöst, können Sie das erkennen? Nehmen Sie sich in dieser Situation wahr, lassen Sie einmal alle Gefühle zu, vielleicht zum ersten Mal. Erlauben Sie sich, wirklich all die Scham und Verlorenheit zu spüren, sagen Sie innerlich Ja zu allem, was gerade auftaucht, lassen Sie es zu, soweit es möglich ist – und dann gehen Sie bitte so, wie Sie jetzt dasitzen, in die Situation hinein. Gehen Sie zu dem Kind oder dem Erwachsenen hin, nehmen Sie sich selbst in den Arm, und führen Sie sich liebevoll aus der Situation heraus. Vielleicht müssen Sie Ihrer Mutter, dem Vater, dem Chef oder den Schulkindern auf dem Schulhof Paroli bieten, ihnen die Meinung sagen, und das kleine Kind endlich energisch beschützen. Das können Sie, Sie sind der erwachsene Teil. Es ist immer das Kind, das Angst hat, niemals der Erwachsene. Gehen Sie hinein, als wären Sie Ihre eigene Mutter, Ihr eigener Vater, und führen Sie das Kind oder den hilflosen Erwachsenen, durch den das Kind sich zeigt, aus der Gefahrenzone. Grenzen Sie es ab, sagen Sie ihm, dass Sie von nun an für es da sind, und nehmen Sie es mit. Sagen Sie Ihren Eltern, dass Sie sich nun um das innere Kind kümmern und dass Sie ihnen nicht mehr erlauben, es zu beschämen oder das zu tun, was immer sie getan haben. Ihr inneres Kind darf seine Eltern so sehr lieben, wie es das will, aber die Fürsorge übernehmen nun bitte Sie. Nehmen Sie es mit sich, schicken Sie es in den Zaubergarten, wenn es will (und Sie die entsprechende Meditation kennen), erlösen Sie es aus dieser unhaltbaren Situation, und lassen Sie es bitte nie wieder allein. SIE sind jetzt da, es braucht nie wieder einsam zu sein.

Finden Sie sich selbst in einer vergangenen Inkarnation wieder, so schauen Sie sie sich an, begleiten Sie sich bitte, und sehen Sie, was zu tun ist, mit all dem Wissen, das Sie jetzt haben. Das spirituelle Bewusstsein, das Sie durch genau diese Erfahrung erlangt haben, ist stabil und sicher bei Ihnen, Sie können es nicht wieder verlieren. Aber die emotionale Erfahrung können und dürfen Sie ein für alle Mal hinter sich lassen. Tauchen Sie ein in diese vergangene Inkarnation, durchleben Sie die Erfahrung, und gehen Sie dann hin zu sich, nehmen Sie sich selbst an der Hand, und führen Sie sich an der Stelle, an der Sie damals Hilfe gebraucht hätten, achtsam einen anderen Weg entlang. Damit löschen Sie die emotionale Ladung, die noch immer auf diesem Ereignis liegt, und die Kraft, mit der Sie dieses Trauma unter Kontrolle gehalten haben, wird frei und steht Ihnen zur Verfügung.

Selbstverständlich machen Sie diese Übung nur dann, wenn Sie ein wenig Erfahrung mit inneren Prozessen haben, sonst lassen Sie sich bitte professionell begleiten, ja? Das Letzte, was Sie brauchen, ist ein neuer Schock.

Rosaroter Schaum

Schützen Sie sich, wenn Sie zu empfindsam sind

Diese Übung mag ein wenig kitschig klingen, aber mir hilft sie tatsächlich immer dann, wenn ich krank oder müde bin, wenn ich mich irgendwie zu durchsichtig für diese Welt fühle und dennoch das Haus verlassen muss. Es ist eine sehr schützende Übung, Sie werden von der Umwelt abgeschottet – sie eignet sich also nicht, wenn Sie Kontakt nach außen haben wollen. Wenn Sie aber Ihre Erledigungen machen, dabei vielen Menschen begegnen, wenn Sie im Auto sitzen und Ihnen der Verkehr an den Nerven zerrt, oder wenn Sie sich ein bisschen weinerlich und irgendwie einfach schwach fühlen, kann diese Übung ein wohliges und geborgenes Gefühl vermitteln. Natürlich dürfen Sie jede andere Farbe nehmen, alles, was Ihnen hilft, ist willkommen.

Stellen Sie sich, während Sie unterwegs sind, vor, dass ein wundervoll wärmender und schützender rosaroter Schaum Sie umgibt. Er umhüllt Sie und Ihr inneres Kind, gibt Ihnen Geborgenheit und verschafft Ihnen inneren Raum. Ihre Nerven sind geschützt und genährt, der Schaum schirmt Sie ab und lässt Ihnen dennoch genug Freiraum, um handlungsfähig zu bleiben.

Dennoch sollten Sie an solchen Tagen so bald wie möglich nach Hause fahren und sich Ruhe gönnen, manchmal ist der beste Schutz, einfach zu Hause zu bleiben. Am nächsten Tag sind Sie dann wieder einsatzfähig.

Schutzamulette, Auraschutzspray, Aura-Soma, Schutzkristalle

Es gibt eine Fülle von energetisierten Sprays und Ölen, die Ihnen Schutz anbieten. Auch das Reich der Mineralien beschenkt uns mit einer Fülle von Schutzsteinen. Probieren Sie es bitte aus, nehmen Sie den Stein oder das Schutzamulett, das Sie anzieht oder fasziniert, und tragen Sie ihn oder es bei sich. Nutzen Sie Aura-Soma-Öle und Schutzsprays, testen Sie, ob Sie sich sicher, genährt und umhüllt fühlen. Ich kann mit einigen Produkten sehr viel anfangen, mit anderen weniger und es wechselt, je nachdem, wie ich mich fühle und in welcher Situation ich bin.

Es kann sehr beruhigend sein zu wissen, dass Sie einen energetischen Schutzmantel um sich herum tragen, der sich immer wieder erneuern lässt.

Ich spüre nach der Anwendung dieser Produkte oft sehr rasch Erleichterung, und ich kann aufatmen. Auch Reinigungssprays nutze ich gern, für mich selbst, aber besonders für den Raum, in dem die Energie zu schwer oder zu dicht ist, besonders wenn ich viel energetische Arbeit geleistet habe. Das Wichtigste beim Anwenden all dieser Hilfsmittel ist Ihre Absicht. Sie sind bereit, sich zu schützen, Sie wollen nicht mehr Spielball der Energien anderer sein, Sie möchten auf sich aufpassen und gut für sich sorgen – allein das gibt Ihnen bereits einen guten Schutz. Verstehen Sie, neben all den energetischen Wirkungen der Steine und Öle ist die Hauptwirkung Ihre Absicht, das Nein zur spirituellen Ohnmacht und das Ja zu Ihrer Selbstbestimmung.

Immer wieder sagen mir Leser, dass sie die Übungen zwar wirklich gut finden, aber letztlich doch nicht dazu kommen, sie durchzuführen – und sie fragen, ob es nicht Schutzkräfte gäbe, die einfach wirken, ohne dass Sie etwas dazu beitragen müssen. Ja und nein. Natürlich wirken Schutzkräfte immer, besonders dann, wenn wir selbst ausgeliefert und ohnmächtig sind. Aber – und das klingt hart, ich weiß es, aber es ist leider so – sie unterstützen Faulheit und Selbstausbeutung nicht. Wenn wir zu bequem sind, spirituelle

Kräfte zu rufen, dann stehen sie uns nicht zur Verfügung, denn es gehört zu unserem freien Willen und zu unserer Selbstverantwortung, uns um das zu kümmern, was uns zugänglich ist. Ganz einfach: Solange Sie nicht im entsprechenden Bewusstseinszustand sind, solange Sie nicht wissen, wie Sie sich schützen können, so lange sind Sie von außen behütet. Wenn Sie aber erwachen und aus den spirituellen Kinderschuhen hinauswachsen, dann übernehmen SIE automatisch Stück für Stück die Verantwortung für Ihren Schutz – sonst würden Sie zum Beispiel gar nicht in diesem Buch blättern. WEIL wir aber nun die Verantwortung übernehmen, und weil das zu unserem Reifungsprozess gehört, müssen wir diese Verantwortung auch tragen.

Es reicht leider nicht, sich ein Schutzamulett umzuhängen und das war's dann.

Sich ein Schutzamulett umzuhängen und dann öfter am Tag bewusst um Schutz zu bitten hingegen ist schon fast genug. Wenn Sie dann noch lernen, Situationen zu meiden, die Ihnen wirklich schaden könnten und sich gleichzeitig innerlich so ausrichten, dass Sie mit dunklen Energien erst gar nicht mehr in Resonanz geraten, dann sind Sie auf einem sehr guten Weg …

Schamanisches

Selbstverständlich bieten die Kräfte, die wir im Schamanismus herbeibitten, einen äußerst wirkungsvollen Schutz. Ich möchte sie deshalb in diesem Büchlein erwähnen, aber es braucht ein bisschen Erfahrung, mit diesen Energien umzugehen. Ich biete Ihnen diese Kräfte generell an, werde aber keine Übung dazu schreiben. Entweder Sie kennen diese Energien, dann nutzen Sie sie bitte, sie stehen Ihnen zur Verfügung. Oder Sie kennen sie noch nicht, und dann wäre es vielleicht hilfreich, sie kennenzulernen – aber nicht in diesem kleinen Büchlein, denn dazu braucht es ein wenig mehr. Es gibt eine Fülle von Ausbildungen, schamanischen Workshops und Büchern zu dem Thema.

Wenn Sie Ihr Krafttier kennen, rufen Sie es immer dann, wenn Sie Schutz brauchen, denn es wird Sie stärken und Ihnen die Fähigkeit geben, Nein zu sagen, wenn es angemessen ist. Rufen Sie die Kräfte der Erde, wenn Sie sich unsicher fühlen. Wenn Sie gut geerdet sind, fällt es Ihnen sehr viel leichter, Nein zu sagen als wenn Sie zehn

Zentimeter über dem Boden schweben. Die Natur der Erde ist stabil, fest und sicher, klar und kraftvoll. Lehnen Sie sich an einen Baum, und bitten Sie ihn, Sie fest mit der Erde zu verbinden, fühlen Sie die stabilen, Halt gebenden Wurzeln – das ist eine einfache kleine Handlung, die aber dennoch sehr hilfreich und kraftspendend ist. Sie müssen sie einfach nur durchführen!

Ja und Nein sagen zu können, gehört zum Energiefeld der Erde, weil es nur hier nötig ist. Auf der Lichtebene brauchen wir nicht beides, weil es dort nur ein Ja gibt. Die Energie fließt einfach, es gibt keine Grenzen. Selbstverständlich wirken auch dort die geistigen Gesetze, aber sie werden ganz einfach eingehalten und so muss niemand Nein sagen.

Sehr vereinfacht ausgedrückt: Ein Engel nimmt einfach wahr, wo seine Energie gebraucht wird und schickt sie dorthin, er kommt gar nicht auf die Idee, etwas zu tun, wozu ein anderer Nein sagen müsste. Auf der Erde ist das anders, aber eben weil es auf der Erde anders ist, ist es auch die Erdkraft, die uns dazu befähigt. So rufen Sie immer dann die Kraft der Erde, wenn Sie sich unsicher fühlen, haltlos und instabil.

Räucherwerk, Trommeln, Klangschalen und Rasseln sind intensive Reinigungswerkzeuge. Besonders das Räuchern mit weißem Salbei ist eine uralte Methode, um unerwünschte Energien und Anhaftungen zu entfernen. Wenn Sie gerne trommeln, dann kaufen Sie sich eine Trommel, die einen für Sie angenehmen Klang hat, und trommeln Sie sich frei, so laut Sie wollen. Es kann ungeahnte innere Räume öffnen, und vielleicht spüren Sie auf ganz neue Weise die Erdkraft, die Anbindung an die Kraft der Ahnen und alle, die vor Ihnen auf der Erde waren. Sie spüren dann eventuell auch alles, was erlöst werden will, deshalb gehen Sie bitte achtsam mit diesem Werkzeug um.

Auch die Kraft der Ahnen selbst ist ein sehr wirksamer Schutz, wenn es sich um gute Kräfte handelt. Ich möchte Ihnen hier Anregungen dazu geben, was hilft – Schamanismus kann man nicht in fünf Minuten erklären.

Das Gleiche gilt für Schutzzauber und für weißmagische Rituale. Nutzen Sie alle Techniken, die Sie kennen und die Ihnen guttun, ich erinnere Sie hiermit der Vollständigkeit halber gerne daran. Die Beschäftigung mit diesen Energien braucht Zeit, Aufmerksamkeit, Achtsamkeit und Bewusstheit, deshalb habe ich sie hier erwähnt, aber nicht angeboten.

Nachwort

Es gibt keine richtigen und falschen Schutzrituale. Alles, was Ihnen Kraft gibt, Sie mit guten Energien in Kontakt bringt und Sie an Ihre eigene Kraft und die Liebe in Ihrem Leben erinnert, dient als Schutz. Es mag für andere völlig bedeutungslos sein, aber wenn ein Gegenstand Wert für Sie hat, Ihnen wirklich etwas bedeutet oder Ihnen Ruhe vermittelt, dann tragen Sie ihn bei sich. Ist er dafür zu groß, dann genügt auch ein Bild.

Spiritueller Schutz ist eine sehr persönliche und intime Angelegenheit. Was dem einen tiefsten Frieden vermittelt, muss dem anderen gar nichts bedeuten. So drängen Sie anderen bitte nicht Ihren perfekten Schutzstein auf, werfen Sie nicht mit Bachblüten-Notfallkügelchen um sich, und erzählen Sie nicht jedem von seinem Schutzengel. Jeder hat seinen Schutz, jeder hat sein Ritual, auch diejenigen, die es niemals preisgeben würden. Es ist sicher immer sinnvoll, die Möglichkeiten, sich zu schützen, zu erweitern, und manchmal hilft es, anders denken zu lernen (zum

Beispiel sich selbst zu erlauben, den Raum zu verlassen, wenn Sie spüren, dass Sie fehl am Platz sind), aber letztlich muss jeder seinen eigenen Weg finden. Ich freue mich sehr, dass ich Ihnen ein paar Anregungen geben durfte. Natürlich können Sie auch einfach dieses Buch mit sich herumtragen.

Je persönlicher Sie Ihr Ritual gestalten, je mehr Sie sich trauen, das zu tun, was sich für Sie selbst richtig und gut anfühlt, desto wirksamer ist der Schutz, weil Sie mehr und mehr in Ihrer eigenen Kraft stehen.

Und einen besseren Schutz
als Ihre eigene Seelenenergie
gibt es nicht auf diesem Planeten.